LOVIS par la grace de Dieu Roy de France & de Nauarre, à nos amez & feaux Conſeillers les gens tenans noſtre Cour des Monnoyes, ſalut : Noſtre tres-cher & bien amé Couſin le Prince de Monaco Cheualier de nos Ordres, Duc de Valentinois, Pair de France, nous auroit fait dire &remonſtrer, qu'encore que par nos Lettres données à Fontainebleau au mois de Septembre 1644. & pour les cauſes y contenuës, nous ayant de-claré, & voulant que toutes les eſpe-ces d'or & d'argent fabriquées aux coins & armes dudit ſieur Prince de Monaco, & ſes ſucceſſeurs ſeroient expoſées, & auroient cours entre nos Subiets dans toute l'eſtenduë de

A ij

noftre Royaume, païs, terres & Seigneuries de noftre obeïſſance, tout
ainſi que nos monnoyes, à condition que toutes les eſpeces de la fabrication dudit ſieur Prince ſeroient
de meſme poids, tiltres & remedes
que les noſtres, ſans que dans les Declarations que l'on pourroit faire cy-
aprés pour le décry & fonte des monnoyes eſtrangeres, celles dudit ſieur
Prince y puiſſent eſtre compriſes
pour quelque cauſe que ce ſoit, encores que par inaduertance elles n'en
fuſſent pas exceptées : Neantmoins
à cauſe que quelques-vns de nos Subiets n'ayans pas connoiſſance de nos
intentions, & faiſant difficulté de
receuoir les eſpeces de monnoye dudit ſieur Prince, & à meſme prix que
celles qui ſont fabriquées à nos coins
& armes, ſous pretexte qu'elles ne
ſont pas exceptées dans la Declaration du mois de Mars dernier, & dans

LETTRES PATENTES DV ROY,

du 5. aoust 1652

Par lesquelles sa Maiesté veut & entend, que les especes d'or & d'argent de la fabrication de son cousin le Prince de Monaco, dont les figures sont cy-empreintes, soient exposées, receuës, & ayent cours tout ainsi que ses monnoyes dans toute l'estenduë de son Royaume, païs, terres, & Seigneuries de son obeïssance.

Regiſtrées en la Cour des Monnoyes, le vingt-huictiéme Aouſt 1652.

A PARIS,

Chez SEBASTIEN CRAMOISY, Imprimeur ordinaire du Roy, & de la Reyne, & de la Cour des Monnoyes.

M. DC. LII.

Auec Priuilege de sa Maiesté.

voftre Arreft d'enregiftrement d'i-
celle en noftredite Cour des Monnoyes de Paris, portant décry de toutes efpeces eftrangeres ; ledit fieur
Prince de Monaco fe feroit pourueu
par deuers noftredite Cour, afin qu'il
fuft ordonné, que fuiuant la Declaration du mois Septembre 1644.
donné en fa faueur, fes efpeces auroient cours dans noftre Royaume,
pour le mefme prix que celle de France: noftredite Cour auroit donné
fon Arreft le 17. du mois de Iuillet,
par lequel il auroit efté debouté des
fins & conclufions de fa Requefte,
fauf à luy à fe retirer par deuers nous
pour luy eftre pourueu. C'eft pour-
quoy noftredit Coufin nous ayant
tres-humblement fupplié & requis,
qu'il nous pleuft ordonner que toutes les efpeces des monnoyes d'or &
d'argent de la fabrication de noftredit Coufin le Prince de Monaco, aux

conditions contenuës en ladite Declaration du mois de Septembre
1644. feroient dorefnauant reputées
comme efpeces Françoifes, & comme telles expofées, & auroient cours
dans noftre Royaume , païs , terres, & Seigneuries de noftre obeïf-
fance, tout ainfi, & au mefme prix
que font, & feroient cy-aprés expofées les monnoyes fabriquées à nos
coins & armes, nonobftant que par
erreur elles n'ayent pas efté exceptées
dans noftredite Declaration du mois
de Mars dernier, auec defenfes à tous
nos Subiets, & tous autres qu'il ap-
partiendra, de les refufer fous les peines eftablies contre ceux qui refu-
fent nos monnoyes ; & que dans
toutes nos Declarations, Edicts, Ordonnances, & Arrefts, qui feront
emanées tant de noftredit Confeil
que de noftredite Cour des Monnoyes, concernant l'interdiction du

cours ou expofition des efpeces E-
ftrangeres, celles dudit fieur Prince
de Monaco en feroient toufiours
exceptées, ores que par inaduertance, & contre noftre intention elles
ne le fuffent pas. A CES CAVSES a-
prés auoir fait voir en noftre Confeil lefdites Declarations & Arreft
de noftredite Cour des Monnoyes
de Paris, DE L'ADVIS de noftredit
Confeil, fuiuant l'Arreft donné en
iceluy le 31. iour de Iuillet dernier cy-
attaché fous le contrefeel de noftre
Chancellerie, & de noftre pleine puif-
fance & authorité Royale: Nous a-
uons dit & ordonné, difons & or-
donnons par ces prefentes fignées de
noftre main : VOVLONS & nous
plaift, que les efpeces d'or & d'argent de la fabrication dudit fieur
Prince de Monaco, ayent cours dans
l'eftenduë de noftredit Royaume,
conformément à noftredite Decla-

ration du mois de Septembre 1644,
nonobſtant que par celle du mois de
Mars dernier, toutes les monnoyes
eſtrangeres ayent eſté décriées excepté la Piſtole d'Eſpagne, n'enten-
dans comprendre les monnoyes de
noſtredit couſin le Prince de Monaco, au nombre des eſpeces eſtrangeres. SI VOVS MANDONS ET OR-
DONNONS de faire regiſtrer ces preſentes purement, & ioüir noſtredit
Couſin le Prince de Monaco de l'effect d'icelles pleinement & paiſible-
ment, ceſſans & faiſans ceſſer tous
troubles, & empeſchemens à ce contraires, nonobſtant tous Edicts, Declarations, Reglemens, Arreſts, &
choſes à ce contraires, auſquelles &
aux derogatoires y contenuës, nous
auons expreſſément dérogé & dé-
rogeons par ceſdites preſentes pour
ce regard: Et ſera adiouſté foy comme aux originaux aux copies dudit

Ar-

Arreſt, & des preſentes collation-
nées par l'vn de nos amez & feaux
Conſeillers & Secretaires: Car tel eſt
noſtre plaiſir. DONNE' à Pontoiſe
le 5. iour d'Aouſt l'an de grace 1652.
& de noſtre regne le dixiéme. Signé,
LOVIS, & plus bas, Par le Roy, DE
GVENEGAVD. & ſcellé.

Et à coſté eſt encore écrit,

Leſdites Lettres patentes regiſtrées oüy, &
ce requerant le Procureur general du Roy, aux
charges contenuës en l' Arreſt de ce iourd'huy. A
Paris en la Cour des Monnoyes le 28. Aouſt
1652. Signé, BOVLLE'.

EXTRAICT DES REGISTRES
de la Cour des Monnoyes.

VEv par la Cour l'Arreſt du Conſeil
d'Eſtat du dernier Iuillet dernier,
obtenu par Meſſire Honoré de Grimal-
dy Prince de Monaco, Cheualier des
Ordres de ſa Maieſté, Duc de Valentinois, Pair de France : Par lequel ſa Ma-

iefté en fon Confeil pour les caufes y
contenuës, auroit ordonné que les efpeces d'or & d'argent de la fabrication
dudit fieur Prince, auroient cours dans
l'eftenduë du Royaume, conformément
à la Declaration du mois de Septembre
1644. nonobftant que par autre Declaration du mois de Mars dernier toutes
les monnoyes eftrangeres ayent efté décriées excepté la Piftolle d'Efpagne,
n'entendant fa Maiefté comprendre les
monnoyes dudit fieur Prince de Monaco au nombre des efpeces eftrangeres;
& pour l'execution dudit Arreft, que
toutes Lettres neceffaires foient expediées. Lettres Patentes en forme de
Commiffion du 5. du prefent mois & an,
fignées, LOVIS. & au deffous, Par
le Roy, DE GVENEGAVD, & feel-
lées de cire iaune, addreffantes à ladite
Cour, expediées fuiuant ledit Arreft &
pour l'execution d'iceluy: Portant man-
dement de faire regiftrer lefdites Lettres confirmatiues dudit Arreft, & ioüir
ledit fieur Prince de l'effect d'icelles,
ceffant & faifant ceffer tous troubles &
empefchemens au contraire, comme
plus amplement eft contenu efdites Let-

tres. Requeſte preſentée à ladite Cour
par ledit ſieur Prince le 12. dudit pre-
ſent mois, aux fins de l'enregiſtrement
deſdites Lettres. Veu auſſi ladite Declaration du mois de Septembre 1644.
par laquelle ſa Maieſté veut & ordonne que toutes les eſpeces d'or & d'argent
qui ſeront fabriquées en ladite principauté de Monaco, aux coins & armes
dudit ſieur Prince & ſes ſucceſſeurs,
ſoient expoſées & ayent cours parmy les
Suiets de ſa Maieſté, dans toute l'eſtenduë de ce Royaume, tout ainſi que les
monnoyes fabriquées aux coins & armes de ſa Maieſté, à condition que toutes leſdites eſpeces ſoient du meſme
poids, titre & remede que les monnoyes de ſa Maieſté, ſans que dans les
Declarations qui ſe feroient cy-aprés
pour le décry des monnoyes eſtrangeres, celles dudit ſieur Prince puiſſent
y eſtre compriſes, encores que par inaduertance elles ne fuſſent exceptées.
Arreſt de ladite Cour du 8. Iuillet 1646.
par lequel auroit eſté ordonné que leſdites Lettres ſeroient regiſtrées és regi-
ſtres d'icelle, pour auoir lieu & eſtre les
eſpeces d'or & d'argent qui ſe fabrique-

roient à l'aduenir en ladite Principauté, expofées, receuës & auoir cours en ce Royaume, ainfi que les autres monnoyes eftrangeres, fuiuant l'éualuation qui en feroit faite annuellement par la Cour; & ce tant qu'il plairoit à fa Maiefté, à ladite charge que lefdites efpeces d'or & d'argent, foient des poids, titres & remedes des monnoyes de ce Royaume fuiuant lefdites Lettres, fans neantmoins que les monnoyes de billon & cuiure qui feront faites & fabriquées en ladite Principauté, puiffent auoir cours, expofées ny receuës en cedit Royaume ; Et outre qu'efdites efpeces d'or & d'argent, le millefime de l'année qu'elles feront fabriquées y foit graué & empreint en la legende d'vn cofté, Conclufions du Procureur general auquel le tout auroit efté communiqué, oüy le rapport du Confeiller à ce commis: Tout confideré. LA COVR a ordonné & ordonne, Que ledit Arreft du Confeil d'Eftat du 31. Iuillet dernier, & Lettres Patentes du 5. du prefent mois, feront regiftrées és regiftres d'icelle pour auoir lieu, & eftre les efpeces des monnoyes fabriquées depuis ledit Ar-

reſt du 8. Iuillet 1646. & qui ſe fabri-
queront à l'aduenir en ladite principauté de Monaco , expoſées , receuës &
auoir cours en ce Royaume , tant & ſi
longuement qu'il plaira à ſa Maieſté,
quoy que monnoye eſtrangere , comme
auparauant la Declaration de ſa Maieſté du mois de Mars dernier ; & à la charge que ſuiuant la Declaration de ſadite
Maieſté du mois de Septembre 1644. &
ledit Arreſt de verification d'icelle du
8. Iuillet 1646. leſdites eſpeces d'or &
d'argent ſeront des poids, titre & remede des monnoyes de cedit Royaume, &
que auſdites eſpeces le milleſime de
l'année de la fabrication, y ſera graué &
obſerué en l'vn des coſtez de la legende,
ſans neantmoins que les monnoyes de
billon & cuiure fabriquées en ladite
Principauté, puiſſent auoir cours & eſtre
expoſées ou receuës en ce Royaume,
ny que les Fermiers de la Monnoye de
ladite Principauté , leurs Procureurs ,
Aſſociez ou Commis , puiſſent ache-
pter en ce Royaume aucunes matieres
d'or , d'argent & billon, pour les tranſ-
porter en ladite Principauté : ſuiuant
les Ordonnances, Arreſts & Reglemens

de ladite Cour, fur les peines y contenuës. F a i t en la Cour des Monnoye
le 28. Aouft 1652.   Signé, B o v l l e

L'a n mil fix cens cinquante-deux,
le Mercredy quatriéme iour de Septembre, les Lettres Patentes du Roy, &
l'Arreft cy-deffus de Noffeigneurs de la
Cour des Monnoyes, ont efté leus, &
publiez à fon de trompe & cry public,
aux Carrefours & autres lieux, tant or-
dinaires qu'extraordinaires de cette ville
& faux-bourgs de Paris, par moy Char-
le Canto Iuré Crieur ordinaire du Roy en
ladite Ville Preuofté & Vicomté de Paris, en la prefence de Michel Rebours,
Anthoine le Sueur, & Claude Blondel
Huiffiers en icelle : faifant laquelle pu-
blication, i'eftois accompagné de trois
Trompettes, Iean du Bos, Iacques le
Frain, & Eftienne Chappes dit la Cha-
pelle, Iurez Trompettes de fa Maiefté

esdits lieux. Signé, REBOVRS, LE SVEVR, & BLONDEL.

Collationné aux originaux par moy Conseiller, Secretaire du Roy, Maison & Couronne de France, & de ses Finances, Greffier en chef de la Cour des Monnoyes.